校园体育

健身走 健身跑 健身路径

JIANSHENZOU JIANSHENPAO JIANSHEN LUJING

主编 张楠 杨落娃 孙占峰 张雷

吉林出版集团股份有限公司

图书在版编目（CIP）数据

健身走 健身跑 健身路径 / 张楠，孙占峰等主编. -- 长春：吉林出版集团股份有限公司，2011.5
ISBN 978-7-5463-5239-8

Ⅰ.①健… Ⅱ.①张… ②孙… Ⅲ.①步行—健身运动—青年读物②步行—健身运动—少年读物③健身跑—青年读物④健身跑—少年读物 Ⅳ.①R161.1-49②G806-49

中国版本图书馆 CIP 数据核字(2011)第 081797 号

健身走 健身跑 健身路径

主编	张楠 杨落娃 孙占峰 张雷
策划	曹恒
责任编辑	息望 付乐
出版发行	吉林出版集团股份有限公司
印刷	河北锐文印刷有限公司
版次	2011 年 7 月第 1 版　2018 年 5 月第 7 次印刷
开本	787mm×1092mm 1/16　印张 10　字数 100 千
书号	ISBN 978-7-5463-5239-8　定价 26.80 元
社址	长春市人民大街 4646 号　邮编 130021
电话	0431-85618717　传真 0431-85618719
电子邮箱	tiyu717@126.com

版权所有　翻印必究
如有印装质量问题，请寄本社退换

《校园体育》编委会

名誉主任	孙麒麟
主　　任	宛祝平
编　　委	支二林　方志军　王宇峰　王晓磊　冯晓杰
	田云平　兴树森　刘云发　刘延军　孙建华
	曲跃年　吴海宽　张　强　张少伟　张铁民
	李　刚　李伟亮　李志坚　杨雨龙　杨柏林
	苏晓明　邹　宁　陈　刚　岳　言　郑风家
	宫本庄　赵权忠　赵利明　赵锦锦　潘永兴

《健身走 健身跑 健身路径》编委会

主　　编	张　楠　杨落娃　孙占峰　张　雷
副主编	刘培华　宁玉诚　左钧升
编　　者	王晓磊　杨志亭　刘培华　宁玉诚　左钧升
审　　订	陈　刚

序言

盛世奥运,举国同辉。教育部、国家体育总局、共青团中央联合启动了"全国亿万青少年学生阳光体育运动"项目。这是我国新时期加强青少年体育锻炼、增强青少年体质的战略举措。

民族复兴,体育同行。近世中国,面对民族危难,仁人志士坚信"少年强则国强",号召新青年"文明其精神,野蛮其体魄"。新中国成立后,党和政府十分重视青少年的健康成长,提出"健康第一,学习第二"、"发展体育运动,增强人民体质"等口号。当今世界,体育发展水平已成为衡量民族文明程度的一项重要指标。

重智商、轻体育,重营养、轻锻炼的倾向,将严重阻碍青少年素质的全面发展。开展阳光体育运动的目的,就是号召青少年学生走向操场、走进大自然、走到阳光下,并以奥运为契机,以全民健身为背景,促使青少年养成体育锻炼的良好习惯。

为配合阳光体育运动的开展,吉林出版集团组织有关专家和一线体育工作者,共同编著了这套《校园体育》。希望本丛书的出版,能为各级各类学校开展阳光体育运动辅以指导和帮助。

目录 CONTENTS

第一章 运动保护
　　第一节　生理卫生·······················2
　　第二节　运动前准备·····················3
　　第三节　运动后放松·····················9
　　第四节　恢复养护······················11

第二章 健身走健身跑概述
　　第一节　起源与发展····················14
　　第二节　特点与价值····················15

第三章 健身走健身跑场地和装备
　　第一节　场地·························22
　　第二节　装备·························23

第四章 健身走健身跑基本技术
　　第一节　健身走技术····················28
　　第二节　健身跑技术····················46

第五章 健身路径概述
　　第一节　起源与发展····················70
　　第二节　特点与价值····················71

第六章 三十种健身路径锻炼方法
　　第一节　单杠、双杠····················76
　　第二节　压腿架·······················80

目录 CONTENTS

第三节 腹肌架......................83
第四节 梅花桩......................85
第五节 推手架......................89
第六节 太极推手器..................91
第七节 云手转轮....................93
第八节 屈膝摇摆台..................95
第九节 扭腰器......................97
第十节 踏步扭腰器..................98
第十一节 云梯.....................100
第十二节 臂力训练器...............103
第十三节 转体训练器...............105
第十四节 上肢牵引器...............106
第十五节 摸高器...................108
第十六节 慢跑机...................110
第十七节 太空漫步机...............112
第十八节 健骑器...................114
第十九节 划船器、划艇器...........118
第二十节 踏步器、登山器...........121
第二十一节 肋木架.................123
第二十二节 平衡木.................126

目录 CONTENTS

第二十三节　仰卧起坐平台·················128
第二十四节　伸腰、下腰训练器···········133
第二十五节　鞍马训练器·················140
第二十六节　步行软梯···················143
第二十七节　呼啦桥·····················145
第二十八节　水车·······················146
第二十九节　摸高横梁···················148
第三十节　跑跳高梁···················150

第一章 运动保护

"生命在于运动",但是盲目、不科学的运动非但不能起到强身健体的作用,反而会给身体带来一定的伤害。只有掌握体育锻炼的一般性生理卫生知识,科学地进行体育锻炼,才能起到强体健身、防病治病的作用。

第一节 生理卫生

青少年在进行体育运动时,除了应进行一般性的身体检查和必要的咨询外,还要注意培养运动兴趣和把握适当的运动强度。

 一、培养运动兴趣

在进行体育运动前,首先必须培养自己对体育运动的兴趣。培养兴趣的方法有很多,如观看体育比赛,与同学、朋友进行体育比赛等。有了浓厚的兴趣,就能自觉地投入到体育运动之中,从而达到理想的体育锻炼效果。

 二、把握运动强度

青少年进行体育运动,主要是在享受体育运动的过程中增强体质,提高健康水平,而不是为了创造运动成绩,所以运动强度不宜过大。控制运动强度最简单的办法是测定运动时的脉搏。一般对青少年来说,运动时的脉搏控制在每分钟 140 次左右较为合适。

第二节 运动前准备

运动前进行充分的准备活动，对于青少年来说是非常重要的。一些青少年体育运动爱好者，常常不重视运动前的准备活动，导致各种运动损伤，影响运动效果，也容易失去对体育运动的兴趣，甚至造成对体育运动的畏惧。因此，青少年在进行体育运动前，必须做好充分的准备活动。

一、准备活动的作用

运动前做好充分的准备活动能够对肌肉、内脏器官有很大的保护作用，同时还可以提前调节运动时的心理状态。

(一)提高肌肉温度，预防运动损伤

运动前进行一定强度的准备活动，不仅可以使肌肉内的代谢过程加强，温度增高，黏滞性下降，提高肌肉的收缩和舒张速度，增强肌力，同时还可以增加肌肉、韧带的弹性和伸展性，减少由于肌肉剧烈收缩而造成的运动损伤。

(二)提高内脏器官的功能水平

内脏器官的功能特点之一就是生理惰性较大，即当活动开始、肌肉发挥最大功能水平时，内脏器官并不能立刻进入

最佳活动状态。而充分的准备活动可以帮助内脏器官得到"热身",从而起到较好的调节和保护作用。

(三)调节心理状态

青少年进行体育锻炼不仅是身体活动,同时也是心理活动。研究证明,心理活动在体育锻炼中起着非常重要的作用。体育锻炼前的准备活动,可以起到心理调节的作用,即接通各运动中枢间的神经联系,使大脑皮层处于最佳兴奋状态。

 # 二、如何进行准备活动

一般来说,准备活动主要应考虑内容、时间和运动量等问题。

(一)内容

准备活动可分为一般准备活动和专项准备活动。一般准备活动主要是一些全身性的身体练习,如跑步、踢腿、弯腰等。一般准备活动的作用在于提高整体的代谢水平和大脑皮层的兴奋状态,减少运动损伤的发生。专项准备活动是指与所从事的体育锻炼内容相适应的动作练习。

下面介绍一套一般准备活动操,供青少年运动前使用。这套活动操主要包括头部运动、肩部运动、扩胸运动、体侧运动、体转运动、髋部运动和踢腿运动等。

1. 头部运动

头部运动的动作方法(见图1-2-1)是：

两手叉腰，两脚左右开立，做头部向前、向后、向左、向右，以及绕环运动。

2. 肩部运动

肩部运动的动作方法(见图1-2-2)是：

手扶肩部，屈臂向前、向后绕环，以及直臂绕环。

3. 扩胸运动

扩胸运动的动作方法(见图1-2-3)是：

屈臂向后振动及直臂向后振动。

4. 体侧运动

体侧运动的动作方法(见图1-2-4)是：

两脚左右开立，一手叉腰，另一臂上举，并随上体向对侧振动。

5. 体转运动

体转运动的动作方法(见图1-2-5)是：

两脚左右开立，两臂体前屈，身体向左、向右有节奏地扭转。

6. 髋部运动

髋部运动的动作方法(见图1-2-6)是：

两脚左右开立，两手叉腰，髋关节放松，向左、向右做360°旋转。

7. 踢腿运动

踢腿运动的动作方法(见图1-2-7)是：

两臂上举后振，同时一腿向后半步，然后两臂下摆后振，同时向前上方踢腿。

图 1-2-1

图 1-2-2

图 1-2-3

图 1-2-4

图 1-2-5

图 1-2-6

图 1-2-7

(二)时间和运动量

准备活动的时间和运动量随体育锻炼的内容和量而定,由于以健身为目的的体育运动量较小,所以准备活动的量也相对较小,时间也不宜过长,否则,还未进行体育锻炼身体就疲劳了。半小时的体育锻炼,准备活动时间一般以 10 分钟左右为宜。

第三节 运动后放松

进行剧烈的体育运动后,有些青少年习惯坐在地上,或是直接躺下来休息,认为这样可以快速消除疲劳。其实不然,这样做的结果不仅不能尽快地恢复身体功能,反而会对身体产生不良影响,正确的做法应该是运动后做一些整理活动,放松身体。

 一、运动后整理活动的必要性

运动后的整理活动不但可以避免头晕等症状,还可以有效地消除疲劳。

(一)避免头晕

人体在停止运动后,如果停下来不动,或是坐下来休息,静脉血管失去了骨骼肌的节律性收缩,血液会由于受重力作用滞留在下肢静脉血管中,导致回心血量减少,心血输出量下降,造成暂时性脑缺血,出现头晕、眼前发黑等一系列症状,严重者甚至会出现休克。为了避免这些症状的发生,整理活动是非常必要的。

(二)消除疲劳

除了避免头晕等症状的发生,运动后的整理活动还可以改善血液循环状态,达到快速消除疲劳的目的。

二、放松方法

在运动后放松时,应注意以下几个问题:

(1)做一些放松跑、放松走等形式的下肢运动,促进下肢静脉血的回流,防止体育锻炼后心血输出量的过度下降;

(2)下肢活动后进行上肢整理活动,右臂活动后做左臂的整理活动,通过这种积极性休息,使身体功能得到尽快恢复;

(3)整理活动的量不要过大,否则整理活动又会引起新的疲劳;

(4)在进行整理活动时,应当保持心情舒畅、精神愉快的感觉。

第四节 恢复养护

人体在运动后,除采用休息和积极性体育手段加速身体功能的恢复外,还可以根据体育运动的特点,补充不同的营养物质,以尽快消除疲劳。

体育运动结束后,人体内会产生一种叫做乳酸的酸性物质,它的积累会造成肌体的疲劳,使恢复时间延长。所以,我们在体育运动后,应多补充一些碱性食物,如蔬菜、水果等,而动物性蛋白等肉类食品偏"酸",在运动后的当天可适当减少摄入。

第二章 健身走健身跑概述

健身走与健身跑均属于有氧运动,都是以增强人体代谢功能为目的的持久性运动方式。

第一节 起源与发展

健身走与健身跑是近年来兴起的有氧健身运动,难度较低,易于开展,因此受到人们的普遍欢迎。

一、起源

美国空军运动研究室医学博士库珀经过多年的研究探索,创造了闻名世界的"有氧运动法"。他提出,有氧运动能通过耐力运动来改善血液循环系统和呼吸系统,提高心肺功能,使全身各个组织和器官都得到良好的氧气和营养供给,维持最佳的功能状态。

将库珀创造的"有氧运动法"与走、跑相结合,就产生了健身走与健身跑这两种运动形式。

二、发展

健身走与健身跑具有运动强度适中、规律性强等特点,而且运动费用低廉、运动场地易得,很适合在普通大众中开展,于是很快便流行起来。

一些体育方面的专家,在健身走与健身跑中融入了更加系统的有氧运动的科学健身方法,使得这两项运动受到健身人群的欢迎。

随着人们的广泛参与,健身走与健身跑的形式也不断得到创新和改进,出现了赤脚走、踏石走和水中跑步等多种形式。

第二节 特点与价值

健身走与健身跑的运动强度适中,技术要求低,讲究呼吸与供氧平衡,能够改善人体器官功能,平衡心理状态,是适合大多数人的科学的健身方式。

 一、特点

(一)运动强度适中,持续时间长

健身走与健身跑都是有氧运动,是在氧气充分供应的情况下进行的体育锻炼,其运动时间较长(15分钟以上),运动强度适中(心率保持在每分钟150次左右),能够为心肌供给足够的氧气。

(二)不受环境影响

健身走与健身跑不易受环境影响,无论阴天还是晴天,无论是在平地还是在山区,都可以坚持运动。

(三)适宜人群广泛

健身走与健身跑运动适合于各个年龄段的人群。打球、登山等运动需要消耗大量的体力,并要求掌握一定的常识和技巧,一般只适合青年人和中年人。而健身走与健身跑运动的动作和缓、运动环境安全,几乎适于所有人群。

一、价值

长期进行健身走与健身跑运动,对人体健康有多方面的益处。

(一)健身走价值

1.缓解精神压力

经过一天繁忙的学习和工作之后,进行健身走运动可缓解精神压力,使锻炼者保持良好的身体和精神状态。而且,有专家建议,当人们感到心理紧张时,可通过15分钟的健身走运动来缓解压力。

2.防治抑郁症

现代社会出现了很多抑郁症患者,表现为缺乏自信、情绪低落、焦虑等,进而导致身体虚弱、脾气暴躁、食欲下降等问题,严重时甚至不能完成正常工作和学习。研究证实,人们在进行健身走运动时,大脑会分泌一种物质——内啡肽,这种物质能振奋人的精神,使人保持轻松愉快的良好心理和生理状态,可以有效防治抑郁症。

3. 防治癌症

坚持健身走运动可以改善免疫细胞的结构，增强受体的活性。受体是细胞膜上的一种特殊物质，它能有效杀死病菌和癌细胞。同时，健身走运动能刺激大脑皮质，调节内分泌，有效抑制生殖系统癌症和乳腺癌症。

4. 治疗高血脂症

适度的健身走运动可促进心脏的新陈代谢，增强动脉血管壁弹性，防止动脉硬化，还能使血液中产生高密度脂蛋白——这种蛋白质可去掉附着在动脉血管壁上的血脂，减小血管壁硬化的可能性。有数据表明，高血脂症患者如果能够坚持一年的健身走运动，可以有效降低高脂血症的发病率。

5. 治疗冠心病

冠心病发病率逐年上升，其中脑力工作者为主要发病群体。坚持健身走运动，能够有效改善心肌缺氧的状况，逐渐恢复心脏功能，从而控制冠心病的恶化，使其良性发展，甚至治愈。

6. 减肥功效

进行健身走运动时，体内能量消耗比平时提高10倍左右。在运动之后，人体还会继续保持高代谢率，同时食欲也会有所下降。这样，在大量消耗热能和降低食欲的情况下，减肥势必会获得成效。

(二)健身跑价值

1. 对心血管系统的作用

心血管系统是人体的动力系统。一方面,它通过运输血液向身体各个部位输送氧气和营养物质,另一方面,它将身体中的二氧化碳等新陈代谢产物送回到心脏,然后通过肺和肾脏排出体外。要使心血管系统的功能得到显著增强,简单易行的方法就是进行健身跑运动。

2. 对呼吸系统的作用

呼吸是人体不断从外界吸入氧气,在体内进行气体交换,又不断向外界排出二氧化碳的过程。进行健身跑运动时,鼻、气管、肺等呼吸器官都要加倍工作才能提供所需能量和氧气,并及时排出二氧化碳,这对提高呼吸系统的功能水平具有很大的作用。

3. 对消化系统的作用

在进行健身跑运动的过程中,全身肌肉也随之运动,此时单靠心血管系统和呼吸系统供给氧气是不够的,还需要肠胃供给一些营养物质。肠胃工作时,消化腺能分泌出更多的消化液,加强消化道蠕动,从而改善消化系统功能。同时,由于跑步时呼吸加快、加深,腰肌等活动幅度增大,这对肠胃功能的增强有一定促进作用。经常进行健身跑运动的人,消化功能比一般人要好许多。

4. 改善肝脏功能

人体内的一部分糖是以肝糖原的形式储存在肝脏里的。在进行健身跑运动时，人体需要消耗更多的糖，使肝脏的工作量加大，这样肝脏也就得到了一定锻炼。长期坚持健身跑锻炼，可以改善肝脏功能。

5. 提高机体免疫力

进行健身跑运动后，人体内的免疫活性细胞的数量明显增加，血清抗体水平显著提高，从而达到改善机体的免疫功能的效果。

6. 预防癌症

国外的运动医学专家对健身跑进行过深入研究，他们对坚持健身跑和不进行锻炼的两组人进行跟踪调查。结果，坚持健身跑的小组中只有3人得了癌症，不足1%，而不进行锻炼的小组中有29人得了癌症，达6.4%，其中还有17人死亡。而且，坚持健身跑锻炼的小组中的3名癌症患者，在得病之后仍然坚持锻炼，直到高龄依然健康愉快地生活着。

从这个调查可以发现，长期坚持健身跑锻炼的人得癌症的概率要比不参加锻炼的人小得多，即使得了癌症，长期坚持健身跑锻炼的人也能够更好地控制病情。

7. 降低心率，延年益寿

心率是心脏每分钟跳动的次数。在一般情况下，心率偏低者寿命较长。长期坚持健身跑运动，能够有效降低心率。德国的科学家进行过试验，让一批20年没有参加体育锻炼的55~70岁的健康男子进行有规律的健身跑运动，每次锻炼1小时左右，持续10年后，他们的心率明显降低，心脏功能明显增强。

第三章 健身走健身跑场地和装备

健身走与健身跑运动对场地和装备没有特殊要求,因此非常容易开展。

第一节 场地

健身走与健身跑运动对场地没有特殊要求,只要空气流通、有足够的活动空间即可。

一、健身走场地

在进行健身走运动时,锻炼者可根据运动目的选择不同的地面,例如:

（1）如果进行快步走,可以选择水泥地面；

（2）如果要按摩脚底,刺激脚部神经末梢,可以选择鹅卵石地面；

（3）如果采用特殊的走法,为减少伤害,建议选择塑胶地面。

二、健身跑场地

1. 操场

操场是最常见的健身跑场地。在操场上跑步比较枯燥,地面平坦,安全系数高。

2. 公园

公园里鸟语花香,环境优美,适合作为健身跑场地。

3. 林间小道

林间小道空气新鲜,比较凉爽,是较好的健身跑场地之一。

4.海滩

海滩是最理想的健身跑场地之一，脚踏在软软的沙滩上，一边跑步一边看海，心境开阔。如果光着脚丫，让细小的沙砾刺激着脚底的神经，还能起到按摩的作用。

第二节 装备

在进行健身走与健身跑运动时，为了达到良好的健身效果，要选择合适的运动装备。

一、服装

在进行健身走与健身跑运动时，锻炼者要根据季节和自身情况来选择所穿衣服，具体为：

（1）夏季应尽量少穿衣服，男子穿背心、短裤，女子穿短衣、短裤；

（2）春季和秋季应穿外衣，感觉热时可及时把外衣脱去，感觉冷时再把外衣穿上；

（3）冬季应注意保暖，但又不能妨碍运动，穿绒衣、线裤进行运动即可；

（4）做准备活动时可穿外衣，等身体发热后再脱去；

（5）在运动间歇休息时，要把外衣披上或穿上；

（6）在运动后要立即穿好外衣，贴身衣服如被汗水浸湿，一定要及时更换。

二、鞋袜

在进行健身走与健身跑运动时，对鞋袜的选择要满足一定的要求。

(一)鞋

1.尺寸

进行长距离的健身走时,走一个小时后脚会胀大半个号码,因此应特别注意鞋的尺寸,具体要求是:

(1)一次试穿一只鞋子,不要系鞋带,然后起立用脚尖点地,在脚跟与鞋子之间应该能插进一根手指(因为系紧鞋带后,脚会往后滑一点);

(2)脚向任何方向的移动都不能超过1厘米;

(3)脚跟不能太紧,否则会起水泡;

(4)鞋的前部应有脚趾活动的间隙,这样在走下坡时脚趾不会痛;

(5)脚和脚踝要能自由地活动。

2.材质

(1)天然材料(如橡胶)做的鞋底弹性好,能增大缓冲,还能增加在湿滑地面上行走时的摩擦力,比人造材料更能保护脚;

(2)人造材料(如尼龙)做的鞋帮具有很强的弹力,能很好地配合脚型;

(3)人造材料还具有轻巧、便宜、透气性好、散热迅速等优点。

(二)袜子

选择袜子时要注意透气性和尺寸,具体要求是:

(1)棉质运动短袜适合短距离公路健身走;

(2)用"圈针"织的袜子更透气、减震,是健身走与健身跑的最好选择;

(3)羊毛袜子在冬季十分实用,即使在脚出汗时也能保温,但是在夏季穿会非常闷热;

(4)有些人造材料和合成材料的袜子穿起来会冬暖夏凉,非常舒服。

(三)鞋带

鞋带要保持湿润,以增加摩擦力,防止打滑。鞋带的系法有多种。

1.防止脚后跟滑出

把鞋带在倒数第二个鞋孔上打结,然后直接从两侧穿进最后一个鞋孔,再将两根鞋带交叉打出一个结,形成两个结。

2.瘦脚鞋带系法

用与"防止脚后跟滑出"一样的系法,只是把结打在中间的鞋孔上。

3.宽脚鞋带系法

如果脚较宽,前几个鞋孔不用系鞋带。如果脚比足弓还宽,可空出中间几个鞋孔。

(四)鞋垫

鞋垫的吸汗性要好,且能与鞋子分离。如果锻炼者足弓较低,或趾肚和脚后跟常感到疼痛,就需要一双支撑力更强的鞋,还需要选择合适的鞋垫:

(1)矫正鞋垫能支撑足弓,适合足弓低者;

(2)海绵泡沫鞋垫较柔软,适合脚底薄者。

第四章 健身走健身跑基本技术

健身走、健身跑的运动形式简单，但是要达到理想的健身目的，还需要了解其基本的技术动作。

第一节 健身走技术

每个人的走步姿势虽各有差别,但走步的动作结构是基本一致的。

一、技术分析

健身走的技术动作可从腿部动作、身体姿势和重心移动等方面来分析。

(一)腿部动作

腿部动作的一个周期可分为六个阶段。

1. 第一阶段

第一阶段是右脚跟着地到全脚掌与地面接触,具有缓冲着地冲击力的作用,动作方法(见图4-1-1)是:

右脚跟着地瞬间,右腿膝关节伸直,随即弯曲15°左右。

图4-1-1

2.第二阶段

第二阶段是右脚全脚掌着地到右脚屈踝，动作方法（见图4-1-2）是：

(1)上体前移,负重从右脚跟移至右脚尖；
(2)上体前移结束时,右腿膝关节伸直,右脚屈至最大限度；
(3)左脚迈出时,右脚呈单脚支撑状态。

图4-1-2

3.第三阶段

第三阶段是右脚上提脚跟到脚尖用力蹬地，动作方法（见图4-1-3）是：

左脚进一步向前迈,右脚跟提起,右腿膝关节弯曲,右脚尖蹬地。

图 4-1-3

4.第四阶段

第四阶段是右脚尖蹬地到该脚尖离地,动作方法(见图4-1-4)是:

(1)左脚脚跟着地,使重心向左脚移动,右脚以脚尖支撑,保持身体平衡;

(2)左脚稳定后,右脚尖蹬离地面。

图 4-1-4

5.第五阶段

第五阶段是右脚尖离地到右腿膝关节弯曲,动作方法(见图4-1-5)是:

在右脚尖蹬离地面准备向前方摆出时,右腿膝关节弯曲至最大角度,此时重心完全移到左腿。

图4-1-5

6.第六阶段

第六阶段是前摆动右脚到右腿膝关节伸直,此时完成一个动作周期,动作方法(见图4-1-6)是:

在右脚前摆的最后,右腿膝关节伸直,脚跟着地。

图 4-1-6

(二)身体姿势

健身走的身体姿势是:
(1)上体自然挺直,挺胸抬头,两眼平视;
(2)两脚走直行步,一腿后蹬时膝关节伸直,另一腿前摆时膝关节弯曲,在全脚掌着地瞬间再伸直;
(3)两臂自然前后摆动,以协同腿部动作;
(4)呼吸要有节奏。

(三)重心移动

健身走时,身体重心的移动方式(见图 4-1-7)是:
(1)在单脚支撑时,身体重心移至支撑腿一侧并上升;
(2)在两脚支撑时,身体重心在左右脚之间并降低;

(3)身体重心上下起伏的幅度为4～6厘米,左右摆动的幅度为1～3厘米。

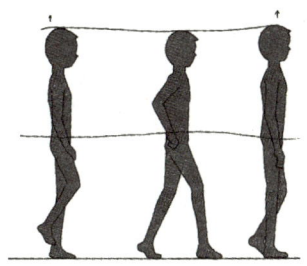

图4-1-7

二、锻炼方法

只有掌握正确的锻炼方法,才能达到良好的锻炼效果。正确的锻炼方法分为三个阶段。

(一)第一阶段

每周锻炼三次,每次步行距离为3.2千米左右,锻炼时间为35分钟左右。

(二)第二阶段

每周锻炼四次,每次步行距离为3.2千米左右,锻炼时间为28～30分钟。

(三)第三阶段

每周锻炼四五次,每次步行距离为4～4.8千米,锻炼时间为35～40分钟。

三、基本方式

健身走的方式有很多种,基本方式包括慢步走、赤脚走与踏石走、上下楼梯走、快步走、倒步走、雨中走、水中走和多姿走等。

(一)慢步走

慢步走即散步,是最流行的健身走方式,特点是轻松自然、随心所欲。

1. 动作方法

慢步走的动作方法(见图4-1-8)是:

（1）上体自然挺直，抬头挺胸，双眼平视前方；

（2）腹部和臀部略收，保持与脊柱成一直线；

（3）两肩放松，手臂自然下垂；

（4）两腿交替屈膝前摆，脚跟着地，自然过渡到脚前掌，另一腿屈膝前摆并以脚跟着地；

（5）两臂与两腿协调配合，前后自然摆动。

2. 步幅与步速

慢步走的步幅较小，每步为50～60厘米；步速较慢，每分钟走25～30米。

3. 注意事项

慢步走应注意以下几个问题：

（1）在慢步走运动前，应适当活动筋骨，使身体各个部位都舒展开来，并使呼吸稳定顺畅；

（2）慢步走时，应尽量保持心情舒畅，抛开繁杂琐事；

（3）慢步走时，步履应和缓从容，以使全身气血顺畅、平和，达到最佳锻炼效果；

（4）锻炼者应根据自己的身体状况确定步行距离，身体强壮者步行距离应长些，身体虚弱者步行距离应短些；

（5）慢步走是一种体力消耗不大的有氧锻炼方式，只有长期坚持才能达到增强体质的效果。

图 4-1-8

(二)赤脚走与踏石走

赤脚走与踏石走是一种放松双脚,使脚底筋骨、肌肉、血管、神经得到良性刺激的健身走方式。

1. 动作方法

赤脚走与踏石走的动作方法(见图 4-1-9)是:

(1)上体自然挺直,双眼平视前方,两肩放松;

(2)两腿交替屈膝前摆,脚跟着地,自然过渡到脚前掌,另一腿屈膝前摆并以脚跟着地;

(3)两臂与两腿协调配合,前后自然摆动。

2. 步幅与步速

赤脚走与踏石走的步幅较小,每步为 40～50 厘米;步速比慢步走时还要慢一些,每分钟为 20～30 米。锻炼者可根据自身的不同情况进行适当的调整。

3. 注意事项

赤脚走与踏石走应注意以下几个问题：

（1）在赤脚走前，应选择好健身地点，检查地面是否有会使脚底受伤的垃圾，如玻璃碎片等；

（2）行走时，步履应和缓从容，以使全身气血顺畅、平和；

（3）初次进行赤脚走的锻炼者一定要量力而行，切不可急于求成；

（4）在赤脚走的前期，速度要慢，并逐步体会石子按摩脚底的感觉，直到适应后再结合自身实际情况调整步行的速度。

图 4-1-9

（三）上下楼梯走

上下楼梯走是近年来在城市中兴起的一种健身走方式。

1. 动作方法

上下楼梯的动作方法（见图 4-1-10）是：

（1）上楼时，上体略前倾，有意识地屈膝抬腿；

（2）下楼时，上体略后仰，肌肉放松。

2. 步幅与步速

上楼速度与慢步走速度接近或略慢一点,下楼速度应比上楼速度略快些。

3. 注意事项

上下楼梯应注意以下几个问题:

(1)每分钟的呼吸次数要比平地走路多3~5次,每分钟的脉搏次数要比平地走路多5~10次;

(2)每周要坚持上下楼梯800~1049阶,这样锻炼效果最佳,能够有效地发展腿部力量,改善心血管系统功能;

(3)体力较差者在开始锻炼时,可扶着楼梯的扶手,一定要注意安全。

图4-1-10

(四)快步走

快步走比慢步走的体能消耗大,锻炼效果接近跑步,但比跑步更加安全，比较适合体力充沛的青少年。

1. 动作方法

快步走的动作方法（见图4-1-11）是：

（1）身体适度前倾，抬头挺胸，收腹收臀；

（2）手臂动作与腿部动作要协调一致；

（3）肘部成直角，手臂前摆不要高过胸部；

（4）前跨腿的脚跟落地时，前脚掌随即落地，臀部随之略做摇摆，动作要柔和流畅。

2. 步幅与步速

快步走的步幅中等、步频较高、步速较快，每分钟走100米左右。

3. 注意事项

快步走应注意以下几个问题：

（1）脉搏应控制在每分钟140次以内；

（2）步幅要稳定，可通过改变步频来改变步速。

图4-1-11

(五)倒步走

倒步走即倒退着走步,比向前走的体能消耗大、心率快,还能很好地锻炼身体的平衡性。

1. 动作方法

倒步走的动作方法(见图4-1-12)是:

(1)上体自然挺直,双眼平视前方;

(2)右腿支撑,左腿屈膝后摆下落,前脚掌先着地后过渡到全脚掌着地,身体重心随之移至左腿,然后右腿屈膝后摆下落,前脚掌先着地后过渡到全脚掌;

(3)两臂要协同腰部动作自然摆动。

2. 步幅与步速

倒步走的步幅以1~2个脚长为宜,步速为每分钟45~60步。锻炼者可通过改变步频或步幅来加快或放慢速度。

3. 注意事项

倒步走应注意以下几个问题:

(1)一定要在没有障碍物的开阔平坦地进行倒步走;

(2)开始时,会明显感到不适应,甚至有可能摔倒,这时一定要保持冷静,缓步行走,循序渐进;

(3)倒步走时,不要过多地看两旁,否则会分散注意力,容易摔倒;

(4)最好找一个同伴一起进行倒步走,这样既可彼此照顾,又可相互鼓励;

(5)开始时的运动强度要小,适应之后可加大运动强度;

(6)倒步走的距离一般为 0.6～1 千米,也可根据自身情况而定。

图 4-1-12

(六)雨中走

雨中走比平时步行更有利于身体健康,因为下雨时清新的空气可使人感觉神清气爽,空气中的大量负离子对人体健康也大有裨益。

1.动作方法

雨中走的动作方法(见图 4-1-13)是:

(1)上体自然挺直,抬头挺胸,腹部和臀部略收,保持与脊柱成一直线;

(2)两肩放松,手臂自然下垂;

(3)两腿交替屈膝前摆,脚跟先着地后过渡到脚前掌,另一腿屈膝前摆并以脚跟着地;

(4)两臂与两腿协调配合,前后自然摆动。

2. 步幅与步速

步幅较小,每步为 50～60 厘米;步速较慢,每分钟为 30～35 米。

3. 注意事项

雨中走应注意以下几个问题:

(1)身体虚弱者对雨中走应采取谨慎态度,可先在小雨中走,慢慢适应后再做新的尝试;

(2)不能接受雨水冲洗者,如有病在身者,不适宜雨中走;

(3)雨中走后,一定要换下湿漉漉的衣服,否则容易导致感冒等疾病,换衣之后最好洗一个热水澡,这样可舒张血管,加速血液循环,改善身体各个器官的功能;

(4)雨中走应当持之以恒,逢雨必行,这样才能达到良好的锻炼效果。

图 4-1-13

(七)水中走

水中走是一种非常好的健身走方式。在水中走时,水的浮力会使身体各关节免受损伤,水的动力会增大运动阻力,这样既能保证运动的安全性又能达到很好的锻炼效果。

1. 动作方法

水中走的动作方法(见图4-1-14)是:

(1)先在水中进行普通的步行;

(2)在步行之后应尝试跳跃,激发更多的肌肉参与活动;

(3)然后让腿和手臂漂浮在水面上,做各种划水动作,以增大运动量。

2. 步幅与步速

步幅较大,每步为65～80厘米;步速较慢,每分钟为20～25米。

3. 注意事项

水中走应注意以下几个问题:

(1)水温最好保持在30℃左右,以免感冒;

(2)身体不适时应在医生或护理者的指导下进行。

图4-1-14

（八）多姿走

多姿走即采用多种身体姿势行走，常用的方式有脚尖走、脚跟走、内八字走和两侧走等。

1. 脚尖走

脚尖走可锻炼足心与小腿后侧的屈肌群，有利于疏通三阴经，动作方法（见图4-1-15）是：

提起脚跟，用脚尖走路，同时两臂有节奏地前后摆动，以调节身体平衡。

图 4-1-15

2. 脚跟走

脚跟走可锻炼小腿前侧的胫骨前肌，有利于疏通三阳经，动作方法（见图4-1-16）是：

将脚尖跷起，用脚跟走路，同时两臂有节奏地前后摆动，以调节身体平衡。

图 4-1-16

3. 内八字走

内八字走有助于消除身体疲劳,动作方法(见图 4-1-17)是:

两脚尖内扣,两脚跟分开呈"八"字,身体自然挺直向前行走,同时两臂有节奏地前后摆动,以调节身体平衡。

图 4-1-17

4. 两侧走

两侧走的动作方法（见图4-1-18）是：先向右侧移动几十步，然后再向左侧移动几十步。

图 4-1-18

第二节 健身跑技术

健身跑时，身体正直或略前倾，大腿带动小腿，全脚掌着地，摆臂自然，双目平视，伴随有节奏的呼吸。

一、技术动作

健身跑的技术动作包括上体姿势、腿部技术、脚着地技术、两臂摆动、呼吸方法和弯道跑技术等。

(一)上体姿势

上体姿势的动作方法(见图4-2-1)是：
(1)上体略前倾(约5°)或几乎挺直；
(2)面部和颈部肌肉要放松，双眼平视前方；
(3)躯干不要左右摇摆，头部与上体成一直线。

图4-2-1

(二)腿部技术

腿部技术的动作方法(见图4-2-2)是：
(1)在后蹬结束的瞬间，摆动腿的大腿带动小腿迅速向前摆动，小腿顺惯性与大腿自然折叠；
(2)摆动腿积极前摆，但不要抬得过高，带动髋部前移和转动，身体重心前移；
(3)腾空时，身体重心不要过高，蹬地腿的肌肉放松，大腿迅速向前摆出，大、小腿顺惯性自然折叠。

图 4-2-2

(三)脚着地技术

脚着地技术的动作方法(见图 4-2-3)是:

(1)大腿开始下落时,膝关节应自然伸直;

(2)脚与地面接触之后,落地腿的膝关节应略屈,前脚掌先着地,紧接着是全脚着地,以缓冲脚落地时产生的冲击力,并为过渡至后蹬地创造良好的条件;

(3)在脚着地的瞬间要抑制重力作用,不要使脚塌陷,否则会失去跑的弹性。

图 4-2-3

(四)两臂摆动

两臂摆动具有维持身体平衡的作用,并且有助于加快腿部动作频率,动作方法(见图 4-2-4)是:

(1)两臂应略离开躯干,肘关节弯曲成 90°左右,两手半握拳;

(2)以肩为轴前后自然摆动,向前摆动时略向内侧偏,向后摆动时略向外侧偏;

(3)前摆要摆到身体中线,高度不得超过下颌。

图 4-2-4

(五)呼吸方法

健身跑一般采用"两步一吸、两步一呼"或"三步一吸、三步一呼"的呼吸方法。掌握好呼吸方法,进行健身跑锻炼时就会感到轻松自如。

(六)弯道跑技术

弯道跑技术的动作方法(见图 4-2-5)是:
(1)身体略向左倾斜;
(2)右腿向前上方摆动时,膝略内扣,用前脚掌的内侧着地;
(3)左腿向前上方摆动时,膝略外展,用前脚掌的外侧着地;

(4)右臂后摆时,肘关节略偏向右后方,前摆时略向前方,右臂摆动的幅度和力量要大于左臂。

图 4-2-5

二、锻炼方法

只有掌握正确的锻炼方法,才能达到良好的锻炼效果。健身跑锻炼一般分为三个阶段。

(一)第一阶段

第一阶段要完成中速走 2~2.5 千米的锻炼目标,方法是:

(1)首先慢走 1~1.5 千米,连续几天后,如果身体感觉良好,可增加距离,直到完成慢走 2~2.5 千米的目标;

(2)然后中速走 2 千米,连续几天后,如果身体感觉良好,可增加 0.4~0.5 千米。

(二)第二阶段

第二阶段要完成慢跑1.2~1.6千米的锻炼目标,方法是:

(1)采用匀速跑的方法进行锻炼;

(2)开始时可慢跑0.8~1千米,身体感觉良好后再增加0.4~0.5千米。

(三)第三阶段

第二阶段目标达到后,就会感到体力增强,精力充沛,坚持几周后再开始第三阶段的锻炼,完成跑2~3千米的锻炼目标。

三、基本方式

健身跑的方式有很多种,基本方式有小步跑等19种方式。

(一)小步跑

小步跑的作用是提高关节灵活性和柔韧性,以及动作频率,对改进健身跑的速度和技术有很大帮助,动作方法(见图4-2-6)是:

(1)上体挺直或略前倾,不要后仰,身体重心抬高,骨盆前挺,全身舒展;

(2)放松膝关节,两腿交替屈膝抬举,迅速放松下落,小腿顺势前摆,用前脚掌着地,完成"扒"地动作,并迅速伸直踝、膝、髋三个关节;

(3)肩放松,两臂略屈肘,配合两腿动作做前后摆动。

图4-2-6

(二)水中跑

水的阻力比空气的阻力大12～14倍,因此水中跑的运动量比陆上跑的运动量大,能更好地达到有氧健身的目的,动作方法(见图4-2-7)是:

(1)头部自然放松,不要前探,目视前方;

(2)腰背部自然伸直,避免含胸;

(3)肩部肌肉略紧张,维持躯干姿势;

(4)两手戴划水掌,两臂屈肘,以肩为轴前后大幅度摆动,两臂与身体有轻微摩擦感,手指、手腕与两臂保持放松;

(5)抬腿不宜过高,落地时脚跟先着地,然后由脚跟过渡到脚掌,以减少对踝关节的伤害;

(6)落地时膝关节略屈,不要挺直,以减少对膝关节的伤害。

图4-2-7

(三)侧身跑

侧身跑即向身体左侧或右侧跑,这种跑步方式既可增加跑步的趣味性,又可使全身肌肉、关节得到很好的锻炼,增强身体的灵活性、敏捷性和协调性,动作方法(见图4-2-8)是:

(1)向左跑时,右脚先从左脚前方向左移动一步,左脚再从右脚后方向左移动一步,然后右脚从左脚后方向左移动一步,左脚再从右脚前方向左移动一步,完成一个复步;

(2)向右跑时,左右脚的移动方向相反;

(3)两臂协调摆动,保持身体平衡;

(4)先向左跑 10～20 个复步,再向右跑 10～20 个复步,可根据自我感觉适当增加或缩短距离;

(5)无论是向左跑还是向右跑,左右脚都要保持在一条直线上。

图 4-2-8

(四)高抬腿跑

高抬腿跑可增强腿部肌群的力量,提高关节的灵活性、柔韧性和动作频率,对提高跑步成绩有很大帮助,动作方法(见图 4-2-9)是:

(1)上体正直或略向前倾,身体重心提高,骨盆前挺,全身放松舒展;

(2)屈膝高抬腿,大腿与躯干的角度接近 90°,然后积极下压,用前脚掌着地,并迅速伸直踝、膝、髋三个关节,两腿交替进行;

(3)两臂屈肘,配合高抬腿动作前后摆动。

图 4-2-9

(五)倒跑

倒跑即倒退着跑,这改变了脚的用力方法和肌肉的运动方向,有利于增强身体灵活性与协调性,动作方法(见图 4-2-10)是:

(1)抬头挺胸,目视前方,双手握拳贴肘于腰两侧;

(2)高抬小腿,双脚向后的同时将重心后移。

图 4-2-10

（六）旋转跑

旋转跑是向前跑、侧身跑和倒跑等几种健身跑方式的综合，有利于提高身体平衡能力，促进全身血液循环和改善脑部供氧功能，动作方法（见图 4-2-11）是：

（1）向前跑时，上体挺直或略前倾，不要后仰，身体重心抬高，骨盆前挺，全身舒展，放松膝关节，两腿交替屈膝抬举，迅速放松下落，两臂屈肘，肩放松，配合两腿动作做前后摆动；

（2）向左或向右侧身移动交叉跑时，两臂协调摆动，保持身体平衡，并保持左右脚在一条直线上；

（3）倒跑时，要注意抬头挺胸，目视前方；

（4）可根据自身情况选择几种跑的组合与连接，但不可勉强。

图 4-2-11

（七）原地支撑后蹬跑

原地支撑后蹬跑是在原地做跑步的后蹬动作，它可以增强髋关节、膝关节和踝关节的伸展力量，有利于提高跑步速度，动作方法（见图4-2-12）是：

（1）上体略前倾，骨盆前倾，后蹬腿充分伸直，使髋关节、膝关节和踝关节在一条直线上；

（2）后蹬腿收腿，向前提膝，脚趾扒地腾空，落地；

（3）同时另一腿的膝盖领先向前上方摆出，使左右腿交替，前摆腿转为后蹬腿，完成一个动作周期。

图4-2-12

（八）变速跑

变速跑是快跑与慢跑交替进行的跑法，它对提高身体耐力大有益处，适合于体质较好的长跑爱好者，动作方法是：

（1）可根据自身情况随时改变速度，如慢跑与中速跑交替，中速跑与快跑交替等；

（2）刚开始时，可采取较慢速度的变速跑，随着锻炼水平的提高，逐渐提高变速跑的速度，并逐渐增加运动量。

（九）沙滩赤脚跑（见图4-2-13）

赤脚在沙滩上跑步，细小的沙砾能有效地刺激脚底敏感部位，可达到保健功效。

图4-2-13

（十）走跑交替（见图4-2-14）

走跑交替是从健身走到健身跑的一种过渡。锻炼者在走跑交替的环节中，要逐渐增加跑的时间、减少走的时间，直到完全过渡到跑。这种方式能够逐渐增加心脏负荷力，适合体弱者。

图 4-2-14

(十一)短程递增跑

短程递增跑要从短距离开始,然后逐渐延长距离,当距离增至 1 千米左右时就可以固定不变。这种方式对提高人体负荷力有较大帮助。

(十二)中长程递增跑

中长程递增跑是在短程递增跑的基础上进行的,即在短程递增跑的基础上逐渐将距离增至 5 千米左右。

(十三)长时间慢跑

长时间慢跑可以避免因强度过大带来的损伤,这种方式特别适合女性。慢跑过程中要尽量使用腹式呼吸法。

(十四)不定速跑(见图 4-2-15)

跑步过程中的变速行为可使心脏的应变能力得到锻炼,但要注意变速的幅度不可过大,要针对自身能力而定。

图 4-2-15

(十五)环高尔夫球场跑(见图4-2-16)

环高尔夫球场跑就是从高尔夫球场的第一个球洞开始跑到第十八个球洞为止的跑步形式。

高尔夫球场通常建在空气清新、美丽幽静的地方。健身跑爱好者可一边欣赏美丽的景色,一边跑步或比赛。如果经济条件允许,可以第一天在高尔夫球场跑步或比赛,第二天打一场高尔夫球,作为跑后或赛后的放松方式。

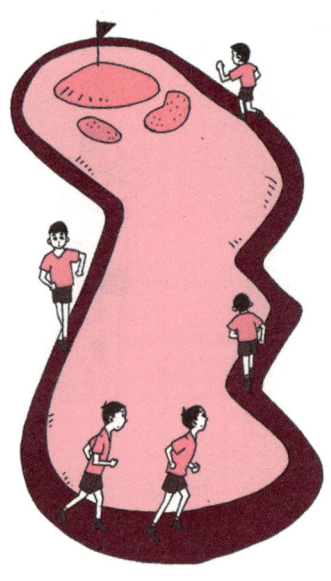

图4-2-16

(十六)越野跑(见图4-2-17)

越野跑在国际上非常流行。在美国几乎每所大学都有越野跑俱乐部,并不定期地举行比赛。

越野跑的环境好,四周都是绿地,空气清新。如果是春天,可以欣赏林中野花盛开的情景;如果是秋天,可以闻到落叶与泥土的清香。

需要注意的是,由于越野跑是在柔软的绿地上进行的,所以一定要注意脚步落地的姿势,并保持身体平衡,以防损伤踝关节。

图4-2-17

(十七)登山跑(见图4-2-18)

登山跑在我国很早就已出现,如北京的登长城跑和爬香山跑等，其特点是强度略大，对心肺功能和腿部力量要求较高。

　　登山跑的终点不一定设在山顶，跑步路线也不一定是登山的路线，而且时间较长，要求锻炼者有较好的耐力和坚强的毅力。

图4－2－18

（十八）接力跑

　　接力跑可以培养团结互助的精神。参加比赛的选手以队为单位。每位选手分担一个跑区，跑完自己的跑区后，要把接力棒传给同队的下一名选手。由于参加接力跑比赛的选手多，所以场面十分壮观。又因每个跑区的各队选手水平参差不齐，会令比赛局面比较复杂，比赛结果难以预料。健身跑爱好者可以和一起锻炼的跑友共同组建一支接力跑队伍，参加接力跑比赛。接力跑时，传接棒的方式有两种，即上挑式和下压式，选手可根据个人习惯选择任意一种。

1. 上挑式

上挑式的特点是接棒人向后伸手的动作比较自然,但容易掉棒,动作方法(见图4-2-19)是:

(1)接棒人的手臂自然向后伸出,手臂与躯干成40°～50°角,掌心向后,拇指与其他四指自然张开,虎口朝下;

(2)传棒人将棒由下向前上方送入接棒人手中。

图4-2-19

2. 下压式

下压式的特点是传接棒动作衔接稳固,不易掉棒,但接棒人的手臂不自然、易紧张,动作方法(见图4-2-20)是:

(1)接棒人向后伸出手臂,手臂与躯干成50°～60°角,手腕内旋,掌心向上,拇指与其他四指自然张开,虎口朝上;

(2)传棒人将棒的前部由上向下传到接棒人手中。

图4-2-20

(十九)节奏跑

节奏跑是指按照设定的跑速和节奏进行跑步。节奏跑练习要从中距离跑开始。

1. 类型（以3千米为例）

稳定型节奏跑

稳定型节奏跑要求保持一定速度进行跑步，如每千米以5分钟为节奏。

前半型节奏跑

前半型节奏跑要求在前半程加快速度，如前1千米以5分钟为节奏，后两千米以6分钟为节奏。

后半型节奏跑

后半型节奏跑要求在后半程加快速度，如前1千米以6分钟为节奏,后两千米以5分钟为节奏。

变化型节奏跑

变化型节奏跑要求在前1千米加速,在中间1千米减速,在后1千米加速,如第一个1千米以5分钟为节奏,第二个1千米以6分钟为节奏,第三个1千米以5分钟为节奏。

2.休息时间

节奏跑不可跑得太快,连续多次节奏跑之间要休息一定时间。

1千米节奏跑(3~5次)

每千米以6分钟为节奏,节奏跑之间的休息时间为5~10分钟。

2千米节奏跑(2~3次)

尽可能保持同样的跑速跑完全程,节奏跑之间的休息时间为8~10分钟。

第五章 健身路径概述

　　健身路径是指使用不同器械较系统地锻炼身体的方法，它是全民健身工程的重要组成部分。

第一节 起源与发展

健身路径源自我国《全民健身计划纲要》的颁布，经过多年的发展，现在健身路径已经成为人们日常健身的主要手段之一。

一、起源

1995年6月，国务院颁布《全民健身计划纲要》，1997年9月，国家体委决定，将体育彩票公益金的60%用于实施全民健身计划，主要在城市社区和农村乡镇有计划、有步骤地配建一批群众体育健身活动场地、设施，即创建全民健身路径，称之为"全民健身工程"。

目前，我国大部分城市和乡镇都已配备了全民健身路径设施，它对于促进《全民健身计划纲要》的全面落实，起到了极其重要的作用。

二、发展

1995年，在国家体委提倡全民健身活动的号召下，广州市天河体育中心率先实行全面开放，修建了全国第一条健身路径，设有单双杠、压腿架、腹肌架、肋木架、平衡木、仰卧起坐台和推手架等设施。

从此健身路径建设在全国迅速发展，并正在向小城镇及农村

扩展。目前，全国建成并投入使用的健身路径共有三千余条，在很大程度上方便了市民随时随地健身的需求。利用健身路径进行体育锻炼的群众人数已达百万，城乡居民利用健身路径锻炼健身，已经成为每天的"必修课"，健身路径正成为大众健身的主要手段之一。

第二节 特点与价值

在长期的发展过程中，健身路径已经具备了自身的特点与价值。

 一、特点

（一）实用性

人们可以根据身体素质的分类，制定出发展不同身体素质的路径，如速度素质路径、力量素质路径、柔韧素质路径、协调素质路径、综合性路径等。这样就使得人们不仅懂得应该怎样锻炼，而且知道锻炼什么，从而使练习的目的更加明确。

（二）针对性

在设计路径时，要针对锻炼者的实际情况进行设计，如针对

儿童的路径或针对妇女的路径等。这样可以使不同年龄组别的锻炼群体，依据自身条件选择适合自己的健身路径进行锻炼。

(三)趣味性

在设计路径时，尽可能地使练习过程具有变化性，主要体现在器械的变化与练习动作的变化两方面，使练习不致显得枯燥无味。

(四)安全性

在设计路径时，与同类竞技体育项目相比，充分考虑项目的安全性，以便更适于民众健身的需要。

二、价值

随着社会文化的不断发展，健身路径在人们的健身服务方面，将发挥越来越大的功能价值。

(一)健身价值

青少年正处于长身体的关键时期，养成科学的运动习惯，有利于身体的生长发育。参加健身路径的锻炼能全面提高身体素质、心肺功能和肌肉耐力，促进机体各组织器官的协调工作。

(二)社会价值

在参与运动的过程中，青少年可以通过健身路径，来达到强身健体、娱乐身心、加强人际交往的目的，在娱乐和健身中有效地进行个体社会化。

第六章 三十种健身路径锻炼方法

健身路径的种类繁多，作用不尽相同。不同年龄、不同身体类型的人可以选择不同的健身路径，因此深受人们的喜爱。

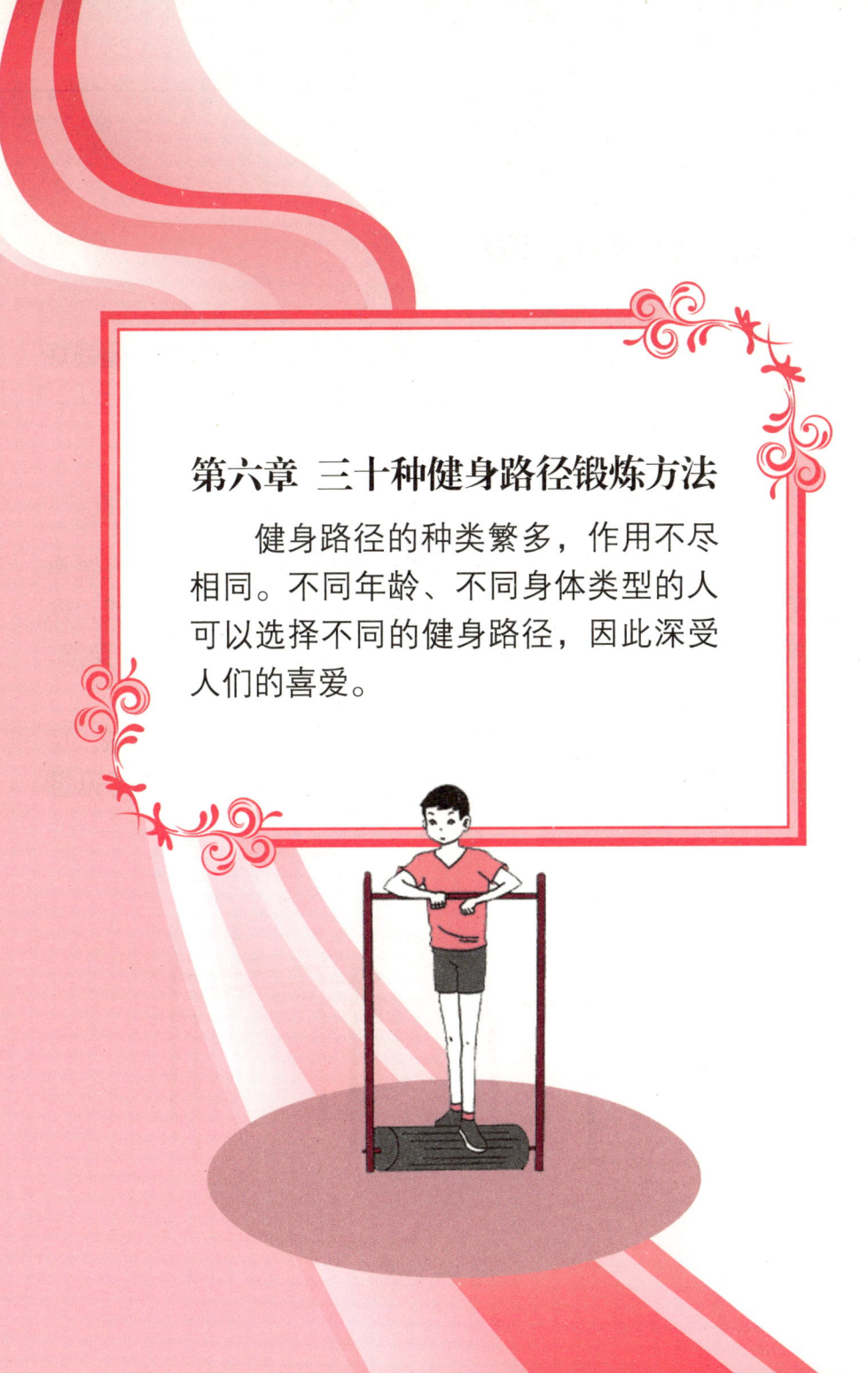

第一节 单杠、双杠

单杠、双杠是常见的力量型器械，它们虽构造简单，但锻炼内容多样，因此在健身项目中被普遍采用。

一、健身器械

单杠由两根支撑立柱水平支撑一根圆杠构成，支撑立柱竖直立在地面上，下面有底盘。双杠由两根相同规格的杠子构成，两根杠子位置平行，在同一高度，每根杠子由两根竖直立柱支撑，立柱下面是一个起固定作用的底座。

需要注意的是，这些单杠、双杠并非专业体操用的器械，切勿进行专业性的体操动作，以免造成意外伤害事故（见图6-1-1）。

图 6-1-1

二、健身方法

（一）单杠翻身上

单杠翻身上的动作方法（见图6-1-2）是：

从直臂悬垂开始，屈臂引体，同时收腹举腿，两腿向后上方用力伸，上杠支撑。

图6-1-2

（二）单杠引体向上

单杠引体向上的动作方法（见图6-1-3）

是：

（1）双手抓杠，握距略比肩宽，可正握（手心向外），也可反握（手心向内），身体自然悬垂；

（2）两臂用力屈肘，带动身体上引，一直到头部下缘过单杠的水平面，然后慢慢还原至手臂伸直，重复多次。

图 6-1-3

（三）单杠悬垂举腿

单杠悬垂举腿的动作方法（见图 6-1-4）是：

两手握单杠呈悬垂，两腿并直（或屈膝），向前上方举腿并收腹。

图 6-1-4

(四)双杠支撑前摆下

双杠支撑前摆下的动作方法(见图 6-1-5)是:

两手握双杠呈悬垂,两臂用力支撑,两腿并拢前摆,至最高点处,推手向侧跳下。

图 6-1-5

（五）双杠臂屈伸

双杠臂屈伸的动作方法（见图 6-1-6）是：

两手握双杠呈悬垂，由支撑开始，两臂同时弯曲，重心下移，收腹含胸，两臂再伸直。

图 6-1-6

第二节 压腿架

压腿架是一种非常简易的健身器械，主要是通过锻炼来改善人体的柔韧性，扩展关节的活动范围，使僵硬紧绷的肌肉，尤其是人体腰背肌、大腿后群肌得到舒展。

一、健身器械

压腿架由立柱和压腿横杠构成。有些器械还在一副压腿杠上设计了不同高度的横杠,以适应不同身高、不同体质的人锻炼(见图 6-2-1)。

图 6-2-1

二、健身方法

压腿的动作方法(见图 6-2-2)是:

(1)站立在器械前,面向器械,在尽力保持身体平衡的条件下,抬起左脚或右脚搁置在适当高度的横杠上,并慢慢地使该腿的膝关节伸直,保持膝关节伸直状态,上身向前倾压,以伸展相

应的肌肉和韧带；

（2）支撑腿脚尖向前，称为正压腿，以伸展人体背部的肌肉和韧带为主；

（3）支撑腿脚尖横向，称为侧压腿，以伸展人体侧面的肌肉和韧带为主；

（4）如果背对压腿架，一脚反扣在压腿架上，一脚支撑，手叉腰下蹲，称为后压腿。

图 6-2-2

第三节 腹肌架

腹肌架锻炼以发展腹肌力量为主,但通过一些变化,也可以用于锻炼人体其他部位的肌肉力量。

 一、健身器械

腹肌架是一种多功能健身器械,由两根平行立柱、横杆、曲轴、把手和底部支撑杆构成。(见图 6-3-1)

图 6-3-1

二、健身方法

(一)支撑收腹举腿

支撑收腹举腿的动作方法(见图6-3-2)是:

(1)背对器械,双肘撑在撑臂环上,双手紧握扶手,后背紧靠在腹肌架的靠背上;

(2)依靠腹肌力量,两腿同时上举,与身体约成90°角,保持该姿势10秒左右放下,如此反复进行。

图6-3-2

(二)双臂屈伸

双臂屈伸的动作方法(见图6-3-3)是:

(1)面对器械,双手伸直紧握扶手,双脚踩在底端支撑杆上,躯干肌肉保持绷紧,使身体约成60°倾斜;

(2)双手屈臂用力,将身体拉起,直至胸部靠近扶手,然后手臂慢慢放松,回至起始位置,如此反复进行多次。

图6-3-3

第四节 梅花桩

梅花桩因模拟中华传统武术中的梅花桩而得名,主要用于提高人体的灵敏性、协调性和平衡性。

一、健身器械

梅花桩一般用金属制成，桩高约10厘米，桩面呈梅花形，一组梅花桩阵一般由11朵梅花桩组成，有些排列成梅花形，有些则排成直线。每个桩面上分别标有A、B、C……直至H、I、J及OK的字母，以引导锻炼者依次踩踏（见图6-4-1）。

图6-4-1

二、健身方法

(一)桩上行

桩上行的动作方法(见图 6-4-2)是:

从左脚踏上 A 桩开始,按英文字母顺序行走,直至终点 OK 桩,再从 OK 桩返回到 A 桩,行进中可张开双臂,保持平衡。

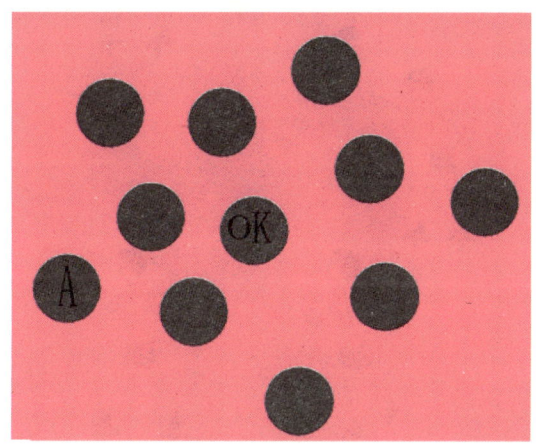

图 6-4-2

(二)交叉走桩

交叉走桩的动作方法(见图 6-4-3)是:

从右脚踏上 A 桩开始,两腿交替行进,到 OK 桩后,再返回到 A 桩。

图 6-4-3

第五节 推手架

推手架是一台模仿太极推手运动而发明的健身器械,能够有效地增强上下肢和腰部肌肉的力量,以及各关节周围韧带的弹性。

一、健身器械

推手架由立柱、推手和护环构成,可绕立柱做圆周运动,推手与立柱的连接略带阻力,以增加锻炼的强度(见图6-5-1)。

图 6-5-1

二、健身方法

推手的动作方法(见图6-5-2)是:

(1)可一人或两人进行,面向器械,以弓步站立,左脚在前,右脚在后,双手握住推手的握把,模仿太极推手动作,推动推手做圆周运动;

(2)双臂推转时,腰腹部应配合用力,腿部顺着运动轨迹,做前屈后伸动作。

图 6-5-2

第六节 太极推手器

太极推手器是根据传统强身健体的思想，以太极拳的基本动作——推手作为基本锻炼形式，是一种设计新颖的健身器械。主要通过肩、肘、髋、膝等关节的活动和按摩手掌，达到贯通血脉、活络筋骨、增强相关肌群功能的目的。

 一、健身器械

太极推手器的基本构造包括支架和转盘。转盘成对安装，其表面有许多黄豆大小的按摩凸点。转盘以斜向约 60°角安装，以配合推手动作的完成（见图 6-6-1）。

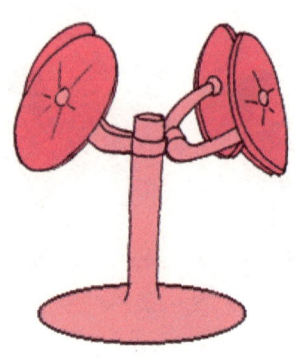

图 6-6-1

二、健身方法

太极推手的动作方法(见图 6-6-2)是:

(1)面对器械,双脚距离与肩同宽,双膝略弯曲,呈马步,双手张开,平放于两圆盘一侧表面的边缘,做太极推手动作,并推动转盘转动;

(2)推至右边时,腰部以下重心应向右移,右腿呈弓步,推至左边时,重心向左移,左腿呈弓步,反复进行。

图 6-6-2

第七节 云手转轮

云手转轮器械采纳太极拳中"云手"动作之意,可以使双臂做向左、向右或相向的轮转运动,以加强肩关节的活动度,增强上肢肌肉力量,改善柔韧性。

 一、健身器械

云手转轮器械的基本构造是立柱和转轮,一般由两个紧挨着的转轮组成,两个转轮间略成一定角度,转轮上有手柄,供锻炼者握持(见图 6-7-1)。

图 6-7-1

二、健身方法

云手转轮的动作方法（见图 6-7-2）是：

(1) 面向器械，双手分别抓住两个转轮的手柄，双腿左右开立，距离略宽于肩，双手通过转动手柄使转轮转动；

(2) 转轮的转动方向可由锻炼者自己掌握，可双手同时向右、向左转，也可相向转；

(3) 在转动转轮时，两腿应随着手柄的轨迹，配合做上下屈伸运动。

图 6-7-2

第八节 屈膝摇摆台

通过借助屈膝摇摆台的锻炼,可以使人体两侧腰肌得到充分的锻炼,对防治腰腿痛疼有一定的作用。

 一、健身器械

屈膝摇摆台的主要部件包括支架、扶手和踏板,踏板的上沿为平面,是锻炼者脚踩的地方,踏板的下侧为圆弧形,使踏板能随着锻炼者双腿的交替用力,产生左右摇摆动作(见图 6-8-1)。

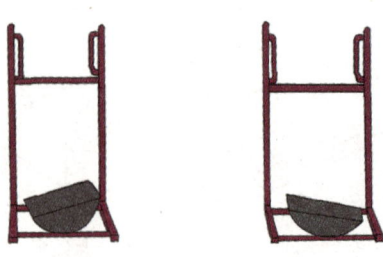

图 6-8-1

二、健身方法

屈膝摇摆的动作方法(见图 6-8-2)是:

(1)手握扶手,两脚分开站在踏板上,一侧腿用力,使对侧踏板上翘,对侧腿顺势屈膝呈弓步;

(2)运动时肩部应随屈膝做反方向摆动,形成体侧运动,反复进行。

图 6-8-2

第九节 扭腰器

扭腰器又称"美腰器",顾名思义,主要是锻炼腰部肌肉,是健身普遍选用的一种锻炼器械。

 一、健身器械

扭腰器由底座、底盘、转盘、立柱和把手构成。底座安装于地面,转盘与底盘之间的连接通常是用滚珠环,使得转盘可以活动自如。但应注意,由于转盘与底盘之间的转动摩擦阻力很小,又无限位装置,故锻炼时一定要手握把手,以免失去平衡而摔倒(见图6-9-1)。

图6-9-1

二、健身方法

扭腰的动作方法（见图 6-9-2）是：

（1）两手扶住把手，与肩同宽，两脚平稳而自然地站在转盘上，站立位置要适中，两侧保持均衡，避免站于圆盘的一侧，使器械因受力不均造成损坏；

（2）上身自然前倾，双肩轴线与把手保持平行，锻炼时腰部肌肉用力，使腰部以下产生转动。

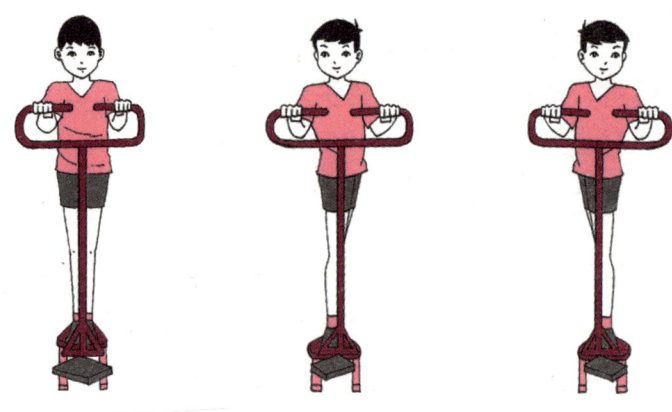

图 6-9-2

第十节 踏步扭腰器

踏步扭腰器是集踩踏与扭腰两种锻炼功能于一体的健身器

械。它能够锻炼下肢肌肉和两侧的腰肌,对于改善腰、髋、膝等关节的功能,以及防治腰腿酸痛病起着一定的作用。

 一、健身器械

踏步扭腰器包括扶手和踏板,设计的独到处在于,踏板与整机是通过一个中央轴连接,当踩下一侧的踏板时,会连动产生转体动作(见图 6-10-1)。

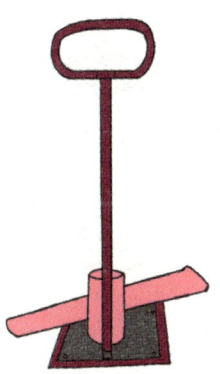

图 6-10-1

二、健身方法

踏步扭腰的动作方法（见图6-10-2）是：

（1）手握扶手，站立于踏板上，左右脚交替踏步，在踏步时，肩部与下踩的腿做反方向扭动，形成"扭秧歌"动作，反复进行；

（2）初学者应注意从慢速开始，踏步用力不可过大，待熟练后，可根据自己的体力情况逐步加快速度。

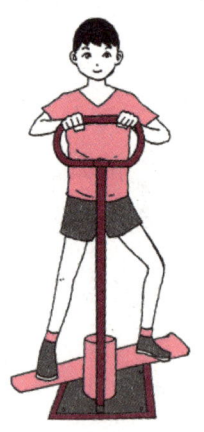

图6-10-2

第十一节 云梯

云梯就像横挂在空中的一架梯子，要求锻炼者以手代步，手臂与身体协调一致，因此云梯练习可以发展上肢肌肉力量，增加上肢的灵活性。

一、健身器械

云梯的构造比较简单，包括立柱、支架和横杠等。从外形上看，有些云梯呈直线形，也称为平行梯，有些则设计成S形、圆形或半圆弧形。从锻炼效果上说，非直线形云梯横杠之间的距离随着外形弯曲而有所变化，因此锻炼的难度略有增加（见图6-11-1）。

图 6-11-1

二、健身方法

（一）悬垂依次行进

悬垂依次行进的动作方法（图6-11-2）是：
（1）站在云梯的一端，上举双手，向上跳起，双手正握横杠，

双脚离地,身体腾空,如身体较高,可两腿膝关节略弯曲,以达到身体腾空的要求;

(2)在身体悬垂的情况下,以一手抓紧横杠,另一手迅速放开,并向前抓下一个横杠,待身体平衡后,换另一手向前抓杠,如此双手交替,以手代步前行,到另一端后返回。

图 6—11—2

(二)悬垂车轮跑

悬垂车轮跑的动作方法(见图 6-11-3)是：跳起，正手握住横杠，双腿呈跑步姿势行进。

图 6-11-3

第十二节 臂力训练器

臂力训练器是用于发展人体上肢力量的健身器械，主要用于锻炼臂部肌群、前臂腕屈肌等。

 一、健身器械

臂力训练器由两根立柱、一根横杆和一个哑铃构成，其构造简单，以锻炼人体的上肢力量为主(见图 6-12-1)。

图 6-12-1

二、健身方法

臂力训练的动作方法(见图 6-12-2)是:

站在器械前,两臂分别从近端立柱左右推杠铃至高处,注意杠铃回放时动作要慢。

图 6-12-2

第十三节 转体训练器

转体训练器是一种发展脊柱肌肉、腹内斜肌和腹外斜肌柔韧性的健身器械。

 一、健身器械

转体训练器包括两根立柱、一根横杆、横杆上的两个吊环和底盘等(见图6-13-1)。

图6-13-1

二、健身方法

转体训练的动作方法（见图 6-13-2）是：

站在底盘上，两手抓住吊环，做转体练习，两脚可离开底盘，也可不离开，转体幅度要超过 90°。

图 6-13-2

第十四节 上肢牵引器

上肢牵引器是健身设施中非常受欢迎的一种康复型锻炼器械。这项锻炼对于改善肩关节的活动能力，增强肩带肌肉力量，改善局部血液循环，预防肩周炎有较好的效果。

一、健身器械

上肢牵引器由立柱、挑杆、滑轮和牵引绳索等部件构成。绳索两端装有手柄,通过滑轮可供锻炼者自由牵拉(见图 6-14-1)。

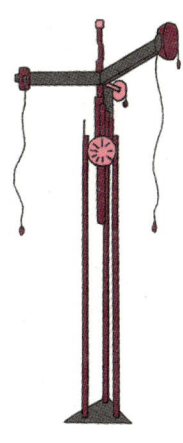

图 3-14-1

二、健身方法

上肢牵引练习的动作方法(见图 6-14-2)是:

(1)双手握住手柄,左右手交替牵拉绳索,通过手臂的上下交叉运动,使肩关节及相关部位的肌肉得到锻炼;

(2)练习的动作既可以是上举,也可以是外展。

图 6-14-2

第十五节 摸高器

摸高器锻炼是指通过向上纵跳来发展人体弹跳能力的一项健身锻炼项目。在进行该项锻炼时，注意应穿着运动鞋，并进行适当的热身运动，还应检查地面是否平整，以免发生运动损伤。

一、健身器械

摸高器一般包括立柱、悬臂和挂在悬臂上的高度牌（球）等。有些器械的悬臂呈螺旋状盘旋上升，有些呈"V"字形展开。在悬臂上一般设有多个高度牌（球），两个牌（球）之间的高度差为2～3厘米（见图6-15-1）。

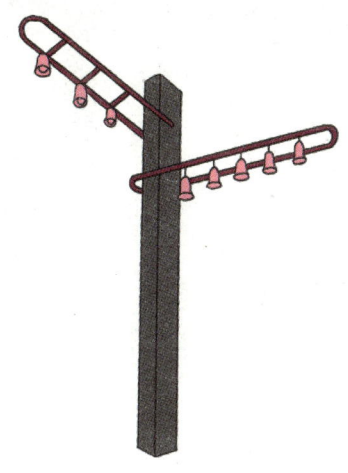

图 6-15-1

二、健身方法

摸高练习的动作方法（见图6-15-2）是：

（1）面对摸高器原地站立，尽力向上举起一只手，测量指尖的高度；

（2）原地屈膝用力向上跳起，在跳起时，迅速向上伸臂，用指尖触摸上方的高度牌，跳起触摸的高度减去原地站立时指尖的高度，即为弹跳的高度；

（3）起跳时应注意正确地运用双手的摆臂动作，以帮助提高成绩。

图 6-15-2

第十六节 慢跑机

慢跑机是在传统跑步器的基础上发展而来的，可有效地提高双腿肌肉快速收缩能力，同时对心血管系统有良好的强度刺激作用，有助于建立人体新的能量代谢机制。

一、健身器械

慢跑机主要由支架、扶手和跑台构成。跑台表面用一组圆柱形滚轴代替室内跑步器上的跑动皮带，极大地增强了器材的耐用性。跑台以一定仰角安装，圆柱形滚轴中带有一定的阻力，需要一定的力量才能使其转动，以增加练习强度（见图 6-16-1）。

图 6-16-1

二、健身方法

慢跑练习的动作方法（见图 6-16-2）是：

（1）双手握住扶手，练习者站在跑台上，身体略前倾，匀速地慢跑或走；

（2）注意迈腿时要提膝，前脚掌落在第一根滚轴上，向后方踩动。

图 6-16-2

第十七节 太空漫步机

人们常把双脚离地的行走戏称为"太空漫步",能提供此项运动的器械被称为"太空漫步器"。太空漫步器对增强下肢的活动能力,改善髋关节的灵活性有较好的锻炼效果。

 一、健身器械

太空漫步器由底座、斜型支撑、把杆、悬臂和踏板构成。底座的槽钢通常是焊接成一体的,固定于混凝土地上。

依照不同的锻炼形式,太空漫步器又分为单练下肢的太空漫步器和上下肢并练的太空漫步器两种(见图6-17-1)。

图 6-17-1

二、健身方法

(一)单练下肢

单练下肢的动作方法(见图 6-17-2)是：

(1)双手握住横杠，两脚分别踩在左右两个踏板上，人体保持自然站立姿势；

(2)左腿膝关节保持伸直，以髋关节为轴心向前迈步，同时右腿也尽量保持伸直，向后抬起，两腿迈开至一定角度(约60°)时，顺重力作用自然下行，至垂直线时转换为右腿前迈，左腿后抬，如此周而复始，使两腿以自然协调的姿势交叉迈步。

图 6-17-2

（二）上下肢并练

上下肢并练的动作方法（见图6-17-3）是：

（1）双手正握把手，两脚分别踩在左右两个踏板上，人体保持自然站立姿势；

（2）右腿膝关节保持伸直，以髋关节为轴心向前迈步，同时握住把手的右手顺势向后拉动，左腿也尽量保持伸直向后蹬，左手则向前推动把手；

（3）后续动作同单练下肢动作方法。

图 3-17-3

第十八节 健骑器

健骑器因其造型及使用时人机整体上下起伏的姿态犹如健儿

跨骑骏马而得名。通过健骑器的锻炼，可以使人体的上肢、下肢和腰腹肌肉群得到锻炼，从而强壮肌肉，增强力量，塑造形体。

一、健身器械

健骑器由底座、座鞍、脚蹬和把手等部件构成。健骑器装有两对脚蹬，两对脚蹬不但前后水平位置不同，且上下垂直高度也不一样。选择不同的脚蹬位置，可改变锻炼姿势，通过姿势的改变又可以变换锻炼部位，使身体得到更全面的锻炼（见图6-18-1）。

图 6-18-1

二、健身方法

(一)上身训练

上身训练的动作方法(见图 6-18-2)是:

(1)以自然姿势坐在座鞍上,双脚踏住脚蹬,双手正握把手,与肩等宽,保持挺胸;

(2)运动时双腿用力向下蹬脚蹬,同时双臂用力将把手拉向自己,使健骑器前轴和座鞍绕主轴产生"折叠",直至双腿蹬直,并使身体尽可能伸展;

(3)腿、臂放松,在重力作用下,使健骑器回到初始位置,重复上述动作。

图 6-18-2

(二)下肢训练

下肢训练的动作方法(见图6-18-3)是：

(1)以自然姿势坐在座鞍上，双脚踏住脚蹬，双手正握把手，与肩同宽，保持挺胸；

(2)运动时双手不用力，仅扶住把手以保持平衡，双腿用力向下蹬脚蹬，使健骑器"运动"，直至双腿蹬直，以加大腿部的练习负荷；

(3)身体放松，使健骑器回到初始位置，重复上述动作。

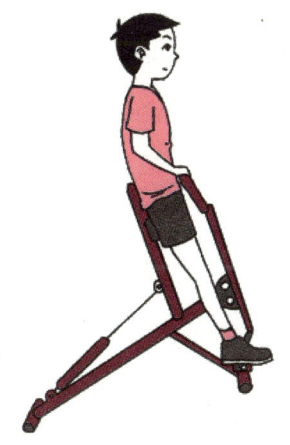

图6-18-3

第十九节 划船器、划艇器

划船器、划艇器是模拟划船运动的健身器械,是一项全身运动,通过锻炼可有效地增强人体的腿、腰、腹、上肢、胸和背部的肌肉力量,同时还能有效地增强锻炼者的心肺功能。

一、健身器械

划船器由固定座垫、脚蹬、桨把和阻力构件等构成。划艇器的结构与划船器相类似,主要区别在于划艇器以滑凳代替了固定座垫,滑凳安装在一个导轨上,可前后滑动(见图6-19-1)。

图 6-19-1

二、健身方法

（一）划船器

划船练习的动作方法（见图 6-19-2）是：

（1）坐在座垫上，双腿略弯曲，双脚蹬住脚蹬，身体前倾，双手握住桨把，与肩同宽；

（2）练习方法模拟划船动作，在腰、腹、背肌群的共同用力下，使上身向后仰，同时双手用力，将桨把尽力拉向自己，再转换为将桨把向前推，同时身体前倾，恢复到起始状态。

图 6-19-2

(二)划艇器

划艇练习的动作方法(图 6-19-3)是:

(1)屈腿坐在滑凳上,双脚踏住脚蹬,双手握住桨把,腰部弓起,并使滑凳前移;

(2)双腿用力蹬,使滑凳向后滑动,同时双臂和腰背肌用力,向后拉动桨把,直至双腿蹬直,身体后仰,桨把靠近前胸;

(3)然后双臂向后推,同时两腿弯曲,腰部弓起,滑凳前移,使桨把回复到起始状态,如此反复进行。

图 6-19-3

第二十节 踏步器、登山器

踏步器、登山器模拟人们上楼、登山的运动形式,是一种以发展有氧耐力为主的健身器械,对增强人体腿部力量具有较好的锻炼效果。

 一、健身器械

踏步器主要由底座、踏板、扶手和阻力构件等构成。登山器则设计有手攀的支架,运动时须手脚并用(见图6-20-1)。

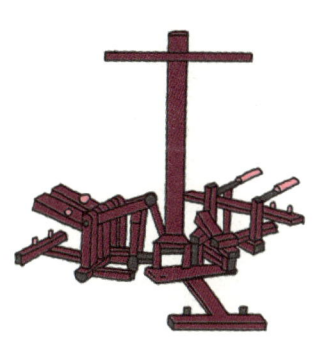 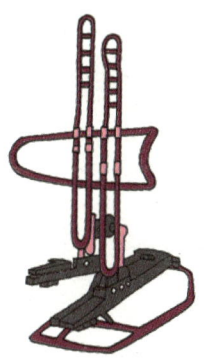

图 6-20-1

二、健身方法

(一)踏步器

踏步练习的动作方法(见图 6-20-2)是：

双手握住扶手，与肩同宽，两脚踏在两个踏板上，模仿登梯上楼动作，两脚交替用力，将踏板踏下。

图 6-20-2

(二)登山器

登山练习的动作方法(见图 6-20-3)是：

(1)双手拉住手攀支架，位置尽可能高，两脚踩在踏板上，站稳后模仿登山动作，两脚依次交替用力，将踏板踏下；

(2)运动时手脚配合，做到一侧踏板踏下时，对侧手臂向上充分伸展，以牵拉身体对侧的肌肉和韧带，达到力量和柔韧性同步发展的目的。

图 6-20-3

第二十一节 肋木架

肋木架是一种十分简单的健身器械，但却有多种锻炼方法，对增强人体的腰腹力量和身体协调性方面有显著的作用。

一、健身器械

肋木架由两根立柱和一组上下均匀排列的横杆构成，构造简单，主要是增强锻炼者的腰腹力量、下肢与脚腕力量，以及四肢的灵活性、协调性等（见图 6-21-1）。

图 6-21-1

二、健身方法

(一) 悬垂摆腿

悬垂摆腿的动作方法（见图 6-21-2）是：

双手握住最高横杆，背靠肋木呈悬垂姿势，右腿向前举到水平放下，再向侧举腿，换腿进行，重复练习。

图 6-21-2

(二) 扶肋木蹲起

扶肋木蹲起的动作方法（见图 6-21-3）是：
面对肋木双手扶横杆，两脚与肩同宽，反复进行蹲起练习。

图 6-21-3

（三）扶肋木摆腿

扶肋木摆腿的动作方法（见图 6-21-4）是：身体侧向肋木架，单手扶肋木摆腿。

图 6-21-4

(四)肋木提踵

肋木提踵的动作方法(见图 6-21-5)是：
双脚前脚掌蹬住肋木最低横杆，双手扶横杆，进行提踵练习。

图 6-21-5

第二十二节 平衡木

平衡木的构造简单，其健身方法也简便易行。此器械主要以发展平衡器官为主，同时还能锻炼人体协调性，培养勇敢顽强的意志品质。

一、健身器械

　　常用的平衡木由两三根小平衡木拼接而成，一般拼接成"之"字形，既增加器材的美观，又可以加大锻炼的难度。平衡木的构成非常简单，有些平衡木用矩形方木，有些则采用圆形铁管，经常在平衡木上行走，对提高人体的平衡能力很有益处（见图 6-22-1）。

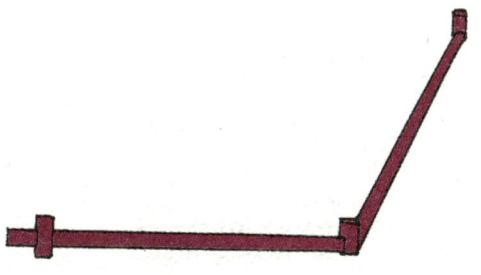

图 6-22-1

二、健身方法

　　平衡木练习的动作方法（见图 6-22-2）是：
　　（1）站在平衡木上，做向前、向侧、向后走，两臂侧举以维持身体平衡；
　　（2）如果走得比较熟练，可以增加难度，把走变成提踵行走或小跑。

图 6-22-2

第二十三节 仰卧起坐平台

仰卧起坐以发展上腹部肌肉力量（腹直肌、腹内外斜肌、髂腰肌等）为主，动作式样繁多，对发展腰腹力量、防止腰部脂肪大量堆积、保护腰部肌肉不受损伤等具有显著作用。

一、健身器械

仰卧起坐台构造比较简单，由一张平台、平台四角的四根立柱和平台一端的横杆构成（见图 6-23-1）。

图 6-23-1

 二、健身方法

(一)直臂(抱头)仰卧起坐

直臂(抱头)仰卧起坐的动作方法(见图 6-23-2)是:

(1)身体仰卧,下肢固定,两臂前平举或抱头起上体,在充分拉长腹直肌的基础上,尽量收腹折体,使胸腹部贴近大腿,恢复时要慢(退让性动作),折体时要略快,注意团身;

(2)还可以进行静止练习,将上体起至45°角静止不动,也可以动静结合,反复进行练习。

图 6-23-2

(二)屈膝(直腿)仰卧举腿

屈膝(直腿)仰卧举腿的动作方法(见图 6-23-3)是:

(1)固定上体,仰卧屈膝或直腿收腹;

(2)还可以进行静止练习,将下肢起至 45°角静止不动,或采用蹬自行车式的练习。

图 6-23-3

(三)俯卧背起

俯卧背起的动作方法(见图 6-23-4)是:

身体俯卧于平台上,固定下肢,双手放于身体两侧或抱头做抬上体练习。

图 6-23-4

(四)侧腰练习

侧腰练习的动作方法(见图 6-23-5)是：
(1)身体侧卧于平台上，固定下肢，双手抱头，侧起上体；
(2)还可以进行静止练习，上体侧起的倾斜角度控制在 30°即可。

图 6-23-5

第二十四节 伸腰、下腰训练器

伸腰、下腰训练器主要作用是改善腰、背部柔韧性,也可进行其他一些练习,以锻炼上肢力量和四肢灵活性及弹力等。

 一、健身器械

伸腰训练器由立柱、扶手环和圆柱形曲面等部件构成,下腰训练器则是从仰卧起坐平台衍生而来,由平台和凸形曲面构成(见图6-24-1)。

图 6-24-1

二、健身方法

（一）支撑跳跃

支撑跳跃的动作方法（见图 6-24-2）是：

面对伸腰器，两手抓栏杆，屈腿跳过，当两脚落地后，迅速屈腿，跳回原地。

图 6-24-2

(二)后桥练习

后桥练习的动作方法(见图6-24-3)是:

两腿伸直,坐在训练器的前斜面上,手抓住两侧的扶手,身体慢慢向后仰,使腰部靠在伸腰训练器的圆柱形曲面上,充分伸展呈桥形,保持5~8秒,然后回复到起始状态。

图6-24-3

(三)高位俯卧撑

高位俯卧撑的动作方法(见图 6-24-4)是：面对伸腰训练器，两手抓栏杆，做俯卧撑练习。

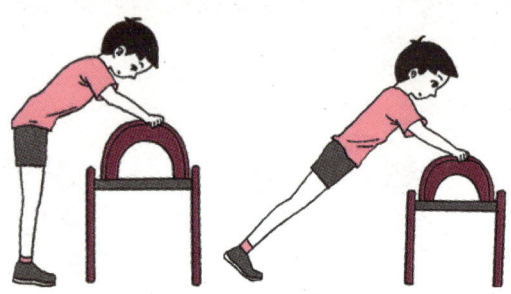

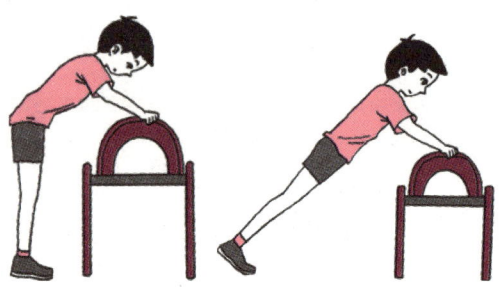

图 6-24-4

(四)(侧)支撑腾越

(侧)支撑腾越的动作方法(见图 6-24-5)是：

面对伸腰训练器，两手抓栏杆，双腿侧摆越过伸腰器，反复进行。

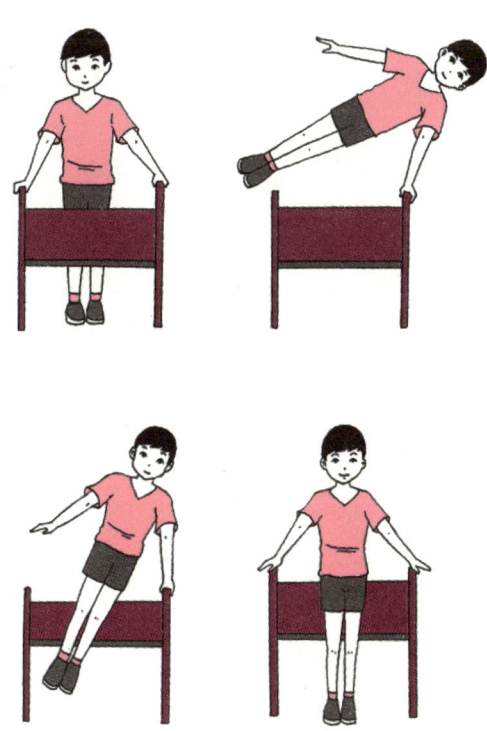

图 6-24-5

(五)伸腰练习

伸腰练习的动作方法(见图6-24-6)是：

背靠下腰训练器凸起部位一端站立，两臂上举，由前向后用力摆动，使腰部贴压在训练器凸起处。

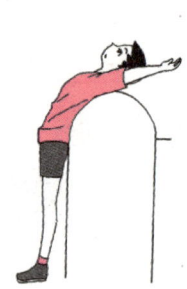

图6-24-6

(六)仰卧起腰

仰卧起腰的动作方法(见图6-24-7)是：

坐在下腰训练器的平板上，上体躺在凸起部位，腰部悬空，做起腰练习。

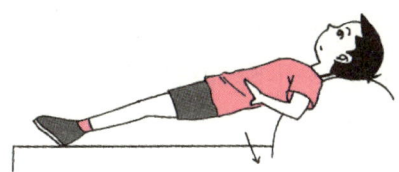

图 6-24-7

(七)高腿位仰卧起坐

高腿位仰卧起坐的动作方法(见图 6-24-8)是:
把腿放在下腰训练器凸起部位,头枕在平台上,做仰卧起坐上体练习。

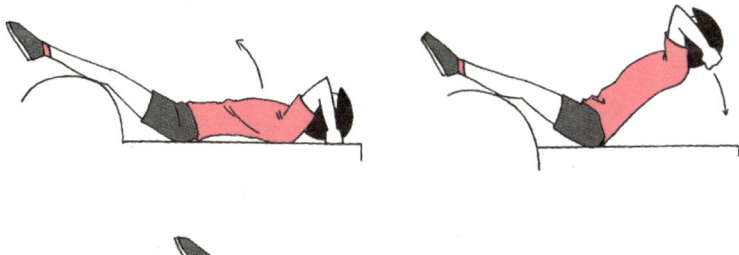

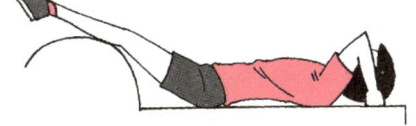

图 6-24-8

（八）仰卧举腿

仰卧举腿的动作方法（见图6-24-9）是：

仰卧于下腰训练器上，两手抓训练器凸起部位，进行收腹举腿练习。

图6-24-9

第二十五节 鞍马训练器

鞍马训练器的外形有些独特，这是一种用来锻炼上肢支撑力量、腰腹力量和下肢弹跳力及反应能力的器械。

一、健身器械

鞍马训练器的外形看上去有些像体操比赛中使用的鞍马，由扶手和鞍座构成，在该器械上可进行各种练习（见图6-25-1）。

图 6-25-1

 二、健身方法

(一)击掌俯卧撑

击掌俯卧撑的动作方法(见图 6-25-2)是:由斜面支撑开始,做臂屈伸练习,推手时快速击掌。

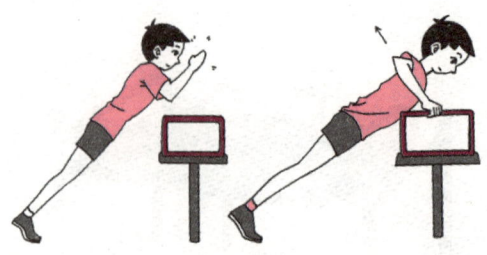

图 6-25-2

(二)支撑跳跃

支撑跳跃的动作方法(见图 6-25-3)是：两手抓环，向前屈腿跳过，落地后迅速跳回原地。

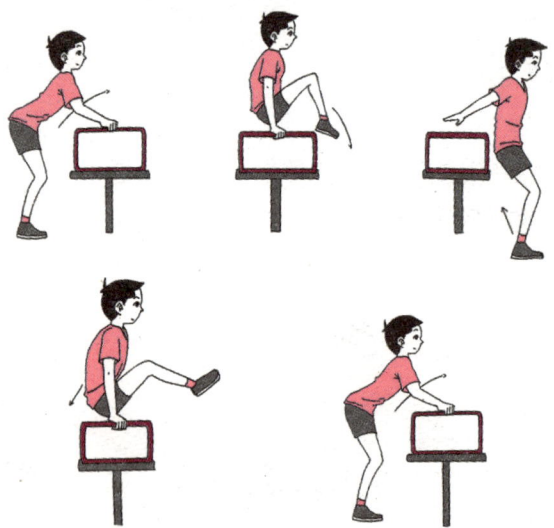

图 6-25-3

（三）侧向移动击掌俯卧撑

侧向移动击掌俯卧撑的动作方法（见图6-25-4）是：

由斜面支撑开始，做俯卧撑练习，同时推手击掌，侧向移动呈俯卧撑姿势，如此反复。

图6-25-4

第二十六节 步行软梯

步行软梯是以增强全身灵敏性和协调性为主的一种器械，训练者在软梯上行进的过程中，需要手脚配合，因此也是一项全身锻炼。

 一、健身器械

步行软梯由立柱、曲形横梁和吊索脚蹬等构成。一般装有9

根吊索，吊索下端为半圆形脚蹬，因横梁设计成曲线形，而吊索长度相同，因此脚蹬的位置也上下错落，增加了练习的难度（见图 6-26-1）。

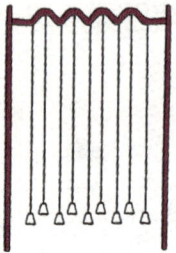

图 6-26-1

二、健身方法

步行软梯练习的动作方法（见图 6-26-2）是：

手抓吊索，脚踩住脚蹬向前走动，从软梯的一端走到另一端。

图 6-26-2

第二十七节 呼啦桥

呼啦桥是一种新颖的健身器械,锻炼者在进行锻炼时,腰部需左右扭动,类似呼啦圈运动,呼啦桥因而得名。主要用于发展腰部力量,增强腰部的活动能力,改善身体柔韧性和协调性。

 一、健身器械

呼啦桥由立柱、护栏、多根S形杆和圆柱形桥杆等构成。桥长约3米,S形杆呈横向安装,并超过桥面的中心轴线,所以锻炼者在桥上行走时,每前进一步,都需要扭动身体,避让S形杆构成的障碍(见图6-27-1)。

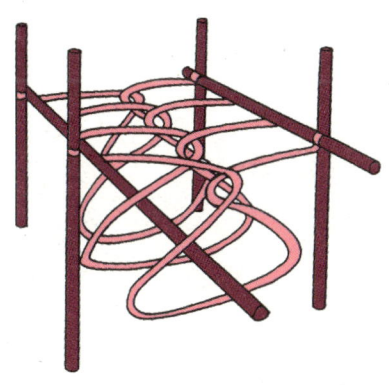

图6-27-1

二、健身方法

呼啦桥练习的动作方法(见图 6-27-2)是:

(1)以自然姿势站立于中心桥杆一端,双手扶住左右栏杆;

(2)运动时,双手扶住左右扶栏,以保持平衡,双脚以较小的步伐,沿着中心桥面向前行走,类似走平衡木;

(3)在前行时,可以左右脚交叉向前迈步,也可以向前挪步,尽量保持身体正对前方。

图 6-27-2

第二十八节 水车

水车的器械外形酷似农村的水车,故而得名,主要是锻炼人体的腿、腰部的肌肉力量,增强心肺功能,提高协调能力和平衡能力。

一、健身器械

水车由立柱、圆柱形滚筒和扶把构成,其中滚筒通过轴承与立柱相连接。水车滚筒上一般有按轴向分布的木条或铁条,以避免运动时脚底打滑,增加了安全性。有些水车则在滚筒表面铸成一个个小的突起,除了增加安全性,水车还具有一定的足底按摩功能。滚筒内一般装有适量的黄沙作为阻力,以加强锻炼效果,因此也称之为重力水车(见图 6-28-1)。

图 6-28-1

二、健身方法

水车练习的动作方法(见图 6-28-2)是:

(1)手握扶把,两脚先后站上水车滚筒,并将身体前倾,靠向扶把;

（2）保持人体平衡，双脚依次向后用力，连续蹬踏水车，使滚筒产生旋转；

（3）使水车旋转速度相对稳定，以避免惯性作用过大、速度过快而无法控制和继续，运动结束后，应等水车停稳后再下器械。

图6-28-2

第二十九节 摸高横梁

摸高横梁构造简单，既可以练习弹跳力，又可以做攀爬练习，主要用于发展弹跳力和四肢的协调配合。

一、健身器械

摸高横梁形状类似于单杠，由两根垂直于地面的立柱和一根横杆构成（见图 6-29-1）。

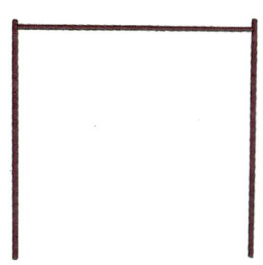

图 6-29-1

二、健身方法

（一）原地纵跳

原地纵跳的动作方法（见图 6-29-2）是：

双腿屈膝，两臂后引，双脚向上蹬离地面，单手触摸横梁。

图 6-29-2

（二）猴爬杆

猴爬杆的动作方法（见图 6-29-3）是：
双手前后握住横梁，双腿交叉搭在横梁上，交替前进。

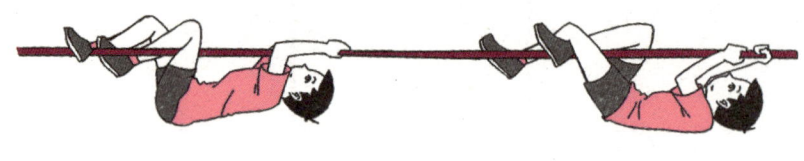

图 6-29-3

第三十节 跑跳高梁

跑跳高梁的构造十分简单，器械整体呈"T"字形，主要用来增强人体腰腹力量、上肢力量和柔韧性。

 一、健身器械

跑跳高梁主要由一根垂直于地面的立柱和一根横梁构成，器械整体呈"T"字形（见图 6-30-1）。

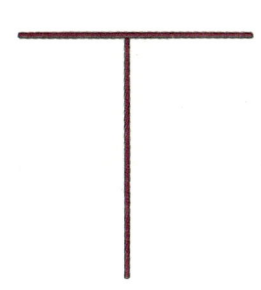

图 6-30-1

 二、健身方法

(一)斜体俯卧撑

斜体俯卧撑的动作方法(见图 6-30-2)是：

面对高梁斜面站立，双手与肩同宽，紧握高梁横杆，手臂做屈伸练习，下体收紧，保持紧张状态。

图 6-30-2

（二）倒挂收腹

倒挂收腹的动作方法（见图6-30-3）是：
两腿屈膝挂在高梁上，头向下，收腹，双手触摸膝关节。

图6-30-3